REFÚGIO

Rui Manuel Almeida Lima

Refúgio

Poesia

2017

©

"O que você deixa para trás não é gravado em monumentos de pedra, mas o que é tecido nas vidas de outros."

Péricles

Refúgio

Fico no tempo e em mim escondido
No refúgio que encontro no que sou
O que pareçe vencer e ser vencido
No pensamento que passa e voltou!

Na esperança vejo entendimento
Do amor que na morte é liberdade
Na lembrança guardo sentimento
Da dor, alegria, visão e saudade!

Em fé procuro na natureza
Razão de ser o que mais entendo
Em Deus, verso, virtude e tristeza!

Aqui no Refúgio que pretendo
Onde tudo é belo por beleza
Descanso no que acho pertencendo!

R.L.

Passo estranho nos passos que ando
De mim apartado, por mim sozinho
Ouço chamarem o ser que caminho
E não sei quem é quem que vou andando

Penso e no que penso, pensa esse alguém
Qu'é céu, qu'é terra, qu'é mar, qu'é vento
Qu'é alma, cor e todo o sentimento
Onde passo ou passa em mim como outrem!

Estranho esse Eu que levo tristemente
Nada trago de mim, não trago nada
Sou o mendigo sem mundo e sem gente!

E sou o todo qu' em tudo mal se sente
Quem é dentro de mim o que sou nada?
Quem me leva da magoa penitente?

Saudades

Saudades, tenho tantas, e porque não?
Se o cheiro azul do mar já morreu...passou...
Se dos lugares de agora já não sou
Se da ilha só sinto meu corpo vulcão!

Saudades, tenho tantas, e porque não?
Se longe estão os que amo de verdade...
Se nunca tão sozinho tive idade
Para saber quanto custa a solidão!

Saudades de mais um ano que passou...
De um dia, de uma hora, de um momento...
Que só na memoria, na mágoa restou.

Quantas vezes a saudade é tormento...
É desejo doentio que nunca sarou...
É todos os passos no pensamento

Quero

Quero viver somente, e estar vivo
No pensar ser mais do que ilusão!
Não ser apenas sombra, recordação
Não ser força incógnita sem motivo!

Não quero ser sonho de mim cativo
Nem palavra infantil dum caro sermão!
Não quero ser folha d' Agosto no chão
Nem sentimento cansado e activo!

Quero abraçar a vida de verdade
Moldar sobre mim clara claridade
E partir, morrer, nascer e em mim ainda!

Quero falar da razão sem outra igual
Fazer desse meu mistério o Eu mortal
E viver uma vida sem ser a minha!

Lembraça

Nao. Não fui teu amor nem o de ninguém
Fui da noite apenas um amante
Que abraças-te a suspirar por alguém
Que não era eu, ou meu frágil encante!...

Pertenci e pertences-te como quem
Fosse a luz que na escuridão mente
Ao pensar que o maior pensamento tem
Saudade d' amor, razão que sente!...

Nao. Não fui teu amor nem no momento
Que meu nome foi por sentimento
Tua triste voz, engano... vida e dor!

Não. Ninguém deseja eternamente
Amar como eu te amo ansiadamente
E ser lembraça d' alguém sem amor !

Trovoada Que Não Passou

O tempo nublado é curto de sentir
Na vida que carrega sentimento
Na tristeza sem cor ou vão momento
E no largo desejo de se exprimir!

Vejo a nuvem que volta de mim a rir
E o vento que passa e é de mim tormento
E a chuva que chora e é de mim lamento
E a tempestade que sou em mim a florir!

Ah! Tempo de nuvens, tensões profundas
Regaços de nervos e sombras fundas
Que trago no pensar no ser que não sou!

Toda a tristeza que do céu vai caindo
É só minha, é o que de mim vai se rindo
Dor que abafo, trovoada que não passou!

Quem

Quem me dera viver sempre contente
Sempre a tristeza na agonia esquecendo
Sempre um sorriso na boca prendendo
Sentir alegria no que é alegremente!

Ah! Quem me dera não chorar somente
Os desejos que são algo, nada sendo
Os vãos beijos que tive nunca tendo
Quem me dera da dor ser diferente!

Mas sou o que não quero por coisa alguma
Esboço da sombra que a noite esfuma
O desertado que morreu sozinho!

Ah! Quem me dera nunca ter nascido
Passar na vida como Alma, perdido
Sem procurar qualquer Ideal Caminho!

Mudança

Foge a cor nos anos que vão passando
Tudo que é novo é velho novamente
Tudo que é velho é novo eternamente
Vai correndo a vida, se transformando!

Parte a neve, o calor se vai cansando
Mudam as árvores, galhos e mente
O que é bonito, é feio no que se sente
E o que é feio no belo se vai mudando!

Tudo que é, já foi apenas um instante
Um vão momento numa dor viajante
Um rio correndo num ai d'esperança!

Tudo é imortal, é morte de passagem
Só semente podre a germinar viagem
Até ao anseio mortal de ser mudança!

Visão

A noite já escurece tristemente
O quarto cheira a prantos enfeitados
D' anseios e desejos por ti chamados
Ao altar do nosso amor, alegremente!

Vão teus seios se despindo na mente
Vão minhas mãos nos teus dedos bordados
Bebendo suspiros nossos esvaziados
No amor que tece amor eternamente!...

São os lençóis magia, nossa ternura
São os gestos doce razão da loucura
São só beijos, carícias, prazer, visão! ...

Tão grande é o nosso amor, que lá fora
Vão as estrelas saciando ai que cora
E as pedras amando a terra de emoção!...

Natureza

Vai o sol nascendo no monte nublado
Vão as folhas caindo pelo Outono
Vai acordando a manhã em doce sono
Vai a tristeza em dor e pensar moldado

É a natureza o que não fica e é trocado
É em sorriso e choro o viver monótono
É em lágrimas o querer do abandono
E o bem é o mal querer de ser maltratado

E a morte se fia em mistério sem cara
E sem opções, mentiras ou coisa rara
Eu liberto meu estado pobre e triste!

E a natureza por razão ou sofrimento
Quebra como rocha nua meu sentimento
Que padece, nasce, morre e não existe!

Tarde de Quimeras

Tarde de quimeras, rasa d' ilusões
Beijam searas os montes queimados
Vão os longos voos mais longe que os ousados
Caem segredos nas bocas sem aflições!

Tarde de sol, chuva, vento, confissões
Erguem-se suspiros e risos sonhados
São os beijos vivos em êxtases atados
Tarde morena de amargas recordações!

Tarde sem graça e sem qualquer sabor
Como corpo, alma, imaginação e dor
Que por guerra e paz traz toda a vida!

E eu por ser cego em Ti, minhas quimeras
Pensei na morte e no que jamais eras
E troquei o amor pela esperança iludida!

É Triste

É triste ter lábios e não beijar
O mar que a ilha num beijo nos roubou!
Não poder beijar o vento que passou ...
É triste ter lábios e não beijar!

Passam os anos e as horas sem carícias
Pela boca que o anseio mais transportou
Pela fé de sonhos que o sonho sonhou
Em sentimento, pobreza e malícias!

É triste. Sim é triste ter que existir
Sempre sozinho, com lábios a rir
A recordação de ser o que não existe!

É triste ter esperança em desejos
Sim, é triste nos lábios ver beijos
Que tu morrendo deste e não pedis-te!

Noite

A noite que passa gasta e pungente
Farta da razão incógnita de nascer
É símbolo abastado do meu morrer
Agua perturbada que a sede sente!

Noite completa de choro coerente
De passos sonhados no andar e viver
De sinfonias no olhar a entristecer
Noite de gestos frios e amor quente!

Estrelas brotam cânticos em brilho...
E cruel sinto na calma e dor que trilho
A noite passando em coração vago!

É noite d'alma escura, pálida d'amor ...
De véu preto, bela, bastarda da dor,
Ri de mim e é imensa do que trago!

Vem ver

Vem ver a chuva na vidraça chorar
Lágrimas pobres e finas, e puras
Iguais as que choram nas Alturas
Pelos que na vida a morte vão findar!...

Vem ver o vento ferozmente as soprar
Levando-as longe no que pouco dura
Vem as ver sorrir na falsa doçura
Como sorri doce magoa no meu olhar!...

Vem amor, devagarinho as ver, olha-as!...
São como rosas, como estrelas, olha-as!...
São soluços, anseios por ai desfeito

Vê como prendem todo o encanto triste!...
Sente-as como se nada mais existe!...
Vem espreitar a chuva no meu peito

Quando Penso

Quando penso no que penso e no que sou
Fico de mim apartado e perdido
Na mente que p'los sentidos me atraiçoou
Por corpo de terra ter-me vestido!

Penso-me e penso o que fica e o que passou,
O que me traduz riso dolorido
O porque do sonho no mundo que voou
Quanto mais penso, mais sou incompreendido!

E penso tanto no que se ouve e se lê
No que se sente, se ama e não se prevê
No que me fala o espírito duma Era!

Em tudo vou pensando e esquecendo
Que por mais que penso sem fim, não entendo
Os porquês que existem por ser Quimera!

São Mortos

São mortos os que na vida não vivem
Procurando sempre algo inexistente
Tentando achar o que é eternamente
Num mundo que de eterno nada tem!

São mortos os que a todos dizem amém
São mortos os que andam por entre gente
Julgando e ferindo com mau mente
A verdade pura que nosso Deus têm!

Ah! São mortos como eu os poetas vivos
Que em versos gritaram a dor de povos
E em dor pura e serena...a eterna morte!...

Ah! São mortos os que nascem por nascer
Por toda a vida esperarem a tremer
A morte, o impossível e outra Sorte!...

Liberdade

Liberdade chamei ao livro que não li
Durante a vida que por aqui passei
A procurar perdido o que as mãos pousei
Nos Ideais que pelo sonho real vivi!

Liberdade gozei no que não reli
Quando proibido de ler a ler voltei
O Universo, a Terra e o Mar que cantei
Quando pensando morto, vivo nasci!

Liberdade, paginas invisíveis
De manchas leais e cores impossíveis
Que não se completam sem poder se achar!

Liberdade é uma utopia verdadeira
É razão fugitiva e derradeira
Que em mim nasce e morre por querer falar!

Quando

Quando a hora num solitário momento
Toma-me de surpresa a gasta vida
Só sinto de minha alma ao céu cedida
O que tudo vejo no pensamento

Só mágoas, só lágrimas, só tormento
Tudo tem a cor cansada e ofendida
Tudo é palavra, falsa morte erguida
No passado feito p'lo sentimento!

Tudo é dor! Doença é dor! Velhice é dor!
Não sermos do que amamos é dor grande
E é na dor que o que nasce se difunde!

E por querer sempre viver em Amor!
A dor velha e doente passa por mim
Como Lamento, como Alma, como Fim!

Não. Não Tenhas Medo

Não. Não tenhas medo da noite meu amor
Caem do céu estrelas e luz docemente
Vai a Lua cheia descobrindo levemente
As forças ansiadas do nosso Calor!

Não. Não tenhas medo dessa noite, amor
Cavalgam desejos tranquilamente
Nos olhos do escuro, na nossa mente
Passa o sorriso e suspiro encantador!

Semeia na noite a tua doce Alma louca
Sobre o meu corpo, sobre a minha boca
Deita a ansiedade bela e escondida!

Não. Não tenhas vergonha, magoa ou medo,
Seduz-me enquanto por ti nasce cedo
O Amor, o Mistério da minha Vida!

Amo

Amo o Sol e a Lua, Universo encantador
Amo o vento que passa e não diz adeus
Amo a paz do mar, da terra e dos céus
E a liberta ave no seu doce tenor!

Amo a sua boca quando na minha em flor
E seus olhos quando dentro dos meus
Amo o seu corpo como ama os deuses
E o seu sorriso d' alma e falso amor!

Amo as pétalas do seu nome, uma a uma,
Sempre e quando por sonho se perfuma
P'la fantasia, p'lo destino, por ninguém!

E porque a quero amar eternamente
Tenho quase as dores de toda a gente
Nos choros que me dizem amar também!

Idade

Minha idade é um eterno engano
Imensa solidão, amarga nostalgia
Onde bebo razão de ser mais um dia
Na pura tristeza de mais um ano

Fui o vento que amou a flor que não amava
Fui Quimera. Fui sonho, sorte e Nada
Em estrelas guardei oração profunda
Que o tempo envelheceu no que cansava

Por insanidade soube a imortal
Passei por feliz e cara ansiedade
Escrevi em prosa e verso a ilha e o sal!

E por toda a angustia, sombra e mal
Valeu-me a brecha da luz d'amizade
Que vivi e vou vivendo na saudade!

Pedra

Pergunta-me a pedra pela sua vida
Eu respondo que não sei, nem da minha
A pedra fica imóvel e perdida
Pregada na calçada que caminha!

--Pedra, não chores p'la vida mal sentida
Não ser do tempo uva, nuvem ou vinha
É ser para sempre amada e querida
É ser lembrança, e nunca ser sozinha!--

Eu estou como tu, atado ao sofrimento
Preso a capacidade d'um lamento
Que me arrasta por dolorosa Sorte!

Como tu, ó pedra, estou em Ferimento
Todo o meu estado diz ao pensamento
Que a vida é engano, é possuir a Morte!

Contemplo

Sim estou contemplando a luz nascendo
Sobre as ribeiras d'agua cristalina
Nas folhas que no vento vão correndo
No frio que cai e na chuva pequenina!

Sim, vou contemplando a cor se fazendo
No olhar do pôr-do-sol, ainda menina
Na boca do tempo que vai morrendo
Nas mãos da manhã nublada e fina!

Contemplo os segredos da natureza
Contemplo dessa vida só a beleza
Pois só dela vive o que não tem fim...

Contemplo como tu, a paz no mundo
O teu e o meu eco, o nosso amor profundo
A nascer e morrer como nós... assim...

Perguntas-me

Perguntas-me o que faço aqui, ali e além
Porque sou assim: simpático, orgulhoso
Fechado, descarado, doloroso...
Porque finjo possuir a dor que a dor tem!

Perguntas-me, e só sei, que sou ninguém
Quando por sonho, sou tão generoso
Faço-me rei, sábio, sou mentiroso...
E tu dizes que sou tudo isso, alguém!

Perguntas-me porque sou o que nunca sou
Apenas sou nada, começo sem fim...
O que desconhece a forma que o tragou!...

Se alguma vez fui como dizes...assim...
Talvez porque a Alma num instante voltou...
E perante Deus não dei contas de mim!...

Desejo

Doe-me o mal que de qualquer bem padece
Como gelo infinito ou dor ardente
Percorre na mente que no frio aquece
Lembranças maiores que feitos de gente!

Doe-me a saudade, magoa que entristece
A alma cansada do meu corpo ausente
No braseiro da vida que arrefece
A razão que por sentir mal se sente!

Todo o bem inteiro é um instante
Calor da estrela perto e tão distante
Como eu de poder esquecer-te, meu amor!

Há um só desejo nessa solidão dor:
--Que todo o Bem e querer seja forte
  No Amor, na Saudade, no Mundo e Morte!

Pudessem Ser Eternos os Momentos

Pudessem ser Eternos os momentos
P'ra além da vida no tempo cativo
Um apôs outro ser estado vivo
Lembranças nunca, jamais lamentos!

O futuro fosse d'esquecimentos
Rumor ap'nas, passo desenganado
Obra incompleta dum autor frustrado
Desejo remorso do deus Tormentos!

Toda a vida fosse ap'nas o presente
Onde o passado é esquecido no que vem
E a idade não mostra como se sente!

Únicos fossem os momentos d'alguem
Que na bruta razão fortemente
Respirou a vida eternamente jovem!

Nada

Tenho nas mãos alegrias pequenas
Trago labios e olhos pecadores
P'lo corpo vestido em triste cores
Sinto memórias doces e eternas !

Tenho palavras tiranas e ternas
Trago tristezas, razões e dores
Das ilhas que são por nove os Açores
No cêu, na terra, em ondas serenas !

Tenho azares da sorte transformada
Deram-me essa vida, essa surda viagem
Que sinto em amor e em dor amada !

Deram-me desejos e a morte cansada
Mas de mim só acho a vida de passagem
E a curta lembraça de ser pó, Nada!

Eternal Luz

Fico em mim e por mim parto num beijo
Que sem porto, sem noite e sem destino
É imagem d' um amor que é divino
--Ninguém amou igual tanto desejo!

Construímos o fôlego da aventura
Içamos a embarcação da esperança
Semeamos corações na mudança
--Foi o nosso amor sincera ternura!

Ainda tenho o senso do beijo lindo
Ainda lembro o olhar verde sorrindo
Medindo ânsias, êxtases, minha vida!

Agora, é o meu presente escuro sem ti
É estar em recordação no que senti
Eterna luz que partiu arrependida!

Odiar-te

Odiar-te? Não, eu não posso odiar-te
Nessa vida cheia da tua memória
Não. Não te odeio nunca, sombra ilusória
Odiar-te, por teres me no desprezar?

Não. Por ti foi o céu chuva no meu falar
Bênção incógnita, verdade sem gloria
Razão submersa, distante historia
Que o tempo cansado veio conquistar!

Odiar-te? Nunca. Crie-te no que vejo
Invoquei-te no pensar do desejo
Como posso odiar-te, criatura linda?

São mentirosos. Eu jamais te odiarei
Podes ir rindo do que por ti chorei
Qu' eu sempre te irei amar, te amando ainda!...

Amizade

Conto a amizade da minha historia
São poucos os que nela mais provoca
Lealdade, saber sincero que invoca
Verdade, liberdade e curta gloria!

Indo em pensamento é o que é memória
A cansada dor de qualquer idade
Onde o riso e o choro é por vaidade
Calor humano e saudável euforia!

Amizade chamei á sorte e solidão
Que de xaile negro conquistou o vento
E cobriu o mar distante e o coração!

Amizade, foi e é amar a voz d' emoção
Que uno em verso p'la luz do sentimento
Longo génio meu, amigo d' ilusão!

Dor

Se essa dor fosse a maior, a continha
No orgulho, na virtude, na escravidão
Prendi-a nas saudades e no coração
No olhar, na boca e na alma pobrezinha!

Mas essa dor não e' de vós, e' só minha
É pequena em pecado e em perdão
É rude, gasta, frágil, quase ilusão
Eremita que reza e vive sozinha!

Mas essa dor sem abismo ou pecado
É força mortal da minha esperança
Chama a si o fruto da vida, a criança!

Mas a dor Maior, é a que no Olhar cansado
Levou a nossa Magoa e Cruz p'lo Martírio
Atê Deus no Terraço do Calvário!

Memórias

Partiram momentos que já não somos
Além o passado é mais elegante
Ternura da família que vivemos
Razões universais, olhar distante!

Invade a memória essa doce idade
Como brasa que alimenta toda a hora
Imagino ser real noutra verdade
Aquela que sinto ontem, hoje, e agora!

Se fosse nossa infância vã momento,
Algo triste em salgado sentimento
Não recordava em dor essa saudade!

Tento ser o que perdi em pensamento,
O irmão que partiu sozinho no vento
Sem pertencer a qualquer realidade!

Lava

Olho cansado o passado que passou
Como vento, onda, hora ou vaidade
Tempo d'um vulcão que em pressa expirou
Alto momento, enorme qualidade!

Vejo a casa onde a brincar crescemos

Iguais em visão p'lo mundo e vida,
Onde por amor e dor aprendemos
Liberdade desejada e querida!

Imensa é a memória que sirvo mal,
Mendiga, vagabunda em saudade
Anda nas crianças da nossa idade!

Reconto amizade por ser justa e real,
Uno a ti meu irmão, o que não entendo,
Ingrata lava que trago, vivendo!

Procuram

Procuram um herói ou uma heroína
O reinado que por gosto é fantasia
O motivo de ser razão em melodia
E a verdade, esperança Cristalina!

Procuramos no lembrar os momentos
Que partiram na magia da saudade
E não voltarão em eternidade
Procuramos os maiores sentimentos!

Os que matam triste e nobre solidão
Os que nos levam na vida por razão
Ah! Se pudesse dar o que vou achando:

–Meus reinos, meus sonhos, meus loucos versos
  P'la ilusão de sorrisos dispersos
  Que perdi-me, jamais me encontrando!

You (Tu)

Sou por ti o meu remédio, minha chama
Imagem que repousa em pensamento
Destino qu' acalma sorte e tormento
Noite que nas estrelas se derrama!

Eu sou razão na alegria por ser teu pai
You (Tu) és o que no mundo mais adoro
Luz, vida, paixão, conquista onde moro
Isto tudo que sou, e fui, e que vem e vai!

Magia passa p'los anos que não senti
A criança que foste é menos agora
A menina que és, cresce no que perdi!

Meço tudo que és e tudo que sou eu
Orgulho que não parte, não vai embora
Razão eterna, milagre que não é só meu!

Mãe

Encontrei-me numa terra distante
Lugar onde mais sozinho cresci
Vitorias, desejos e medo que atrai
Impossíveis viagens dum necromante!

Razões fatais, amores sem brilhante
Achei, amei e para sempre não pertenci
Do tempo gastei o progresso que vivi
Oculta missão de força inquietante!

Sem abismo natural d' emigrante
Ando vagabundo no que venço e venci
Nobreza pobre d' alma cativante!

Jamais em paz está o que não esqueci
O abraço e beijo da mãe por seu encante
Soluço materno, vida onde eu nasci!

Pai

Olho o céu e sinto sereno sentimento
Claro encanto... tua memória sem idade
Tesouro que trago na veia e pensamento
Amor que nunca passará por Saudade!...

Vejo no céu, no mar, na terra e no vento
Intentos do mundo e tempo sem verdade
Onde a morte busca em todos o tormento
Libertando maior dor p'la eternidade!...

Invejo a tua paz eterna tristemente...
Milagre que rezo a Deus em esperança
Aqui... peço p'las almas de toda a gente!...

Pai, esposo, amigo, avô, irmão...nobre lembrança...
Ainda procuro a tua luz tão confidente
Imagem digna de verdade e confiança!...

Alma Sofrida

Luz d' estrelas caem em ti, poetisa
Uma a uma passam a tocar na tua Alma
Como o grito do vento em agua calma
Inventa segredos, amor e brisa!

Astros distantes por perto em tormento
Razões da dor bendita e peregrina
Êxtase da flor, espinhosa e fina
Gigante força por ser sentimento!

Ouço a voz da verdade nos teus versos
Dizer-me que por bem ou mal, sentes dor
Invocas Deus nos teus cantos diversos!

Andas p'lo mundo por lágrima e tenor
Semente digna de poetas dispersos
Alma Sofrida no Inverno por Calor!

21

E sou agora mais só do que fui outrora
A lembrar sonhos, amizades, gentes
Naqueles lugares que pertenci antes
Cheio de mim e do que a saber perdera!

É mais sozinho o minuto, a hora
O rir do vento no cair da chuva
É mais igual o rir ao que chora
Nessa curta vida...eterna curva!

E vão passando anos, loucas estações
Que senti passar tão vagarosamente
Algumas em alegria, outras tristemente!

E pelo tempo vagabundo e doente
Olho essa saudade em longe corações
E conto mais um ano sem Razões!

Razão Libertina e Inteligente

Sinto p'lo bem estar da natureza
As vontades de sentir o consciente
Na disposição formada em beleza
Do tempo que passa agora e é presente!

Ri-se o mar do céu e terra por braveza
Aflito vai o universo omnipotente
Lembrando ao povo paz na sua grandeza
Invadindo o mundo por não ser crente!

Molha a chuva por graça a tempestade
A vida conclui o bem misticamente
Bela, mãe, mulher de qualquer idade

Em razão libertina e inteligente
Leva no desejar eternidade
Aos que como tu, são versos e mente!

Agua no Sangue que o Vento Levou

Marco o tempo que passa e procuro
Ali onde imagino p'la memória
Riso que passou e que seguro
Crenças que aprendemos em vitória!

Intacto é o pensamento mais escuro
Astuto, e claro por fotografia
Navega p'lo oceano do futuro
Acenando recordações, melodia!

Sinto o coração em sentimento basto
Único no sentir qu' a idade roubou
Sede do tempo cansado e gasto!

Agua no sangue que o vento levou
No que não volta nem por arrasto
Até a criança que fomos e não voltou!

Mundo Cruel

Animais que somos como vejo:
Velozes em julgar perconceitos
Ingratos, falsos quando em desejo
De si fartos, nunca satisfeitos!

Alguns procuram-se na mentira
É como que no vicio perfeito
Moldassem ilusão em sabedoria
E vivem a vida sem proveito!

Ninguém sabe o que faz muita gente
Ter o mesmo e ser outro querer
Inventar na verdade o que mente!

Razões tenho para não pertencer
Assim julgado, vencido e doente
Ao mundo cruel por não se conhecer!

Eu te Amo e por te Amar eu te Desejo

Eu te amo e por te amar eu te desejo
Quando nossos olhos se cruzam no ar
Quando ês tudo e por todos que mais vejo
Sempre que respiro tua voz , teu falar!

Eu te amo amor, eu te amo como o beijo
Que Vénus deu nas primeiras naus do mar
Amo-te simplesmente no que invejo
Por amor, tormento, dor e paladar!

Amo-te mil vezes o que alguém amou
Desejo-te como ninguém desejou
Por ti morro, e por ti sou minha vida!

Ah ! Eu te amo, acredita, eternamente
Pois é por ti que existe toda a gente
Que falo, olho, ouço e desejo na vida!

Dezoito Anos

Eu tenho dezoito anos! Sou velhinho
Passo na curta vida vagamente
Como o caudal do rio eternamente
A passar no olhar do tempo sozinho!

Eu tenho dezoito anos! Sou velhinho
Trago nas rugas o que é alegremente
Desejo de pertencer e ser mente
No que se manifesta por carinho!

Ah ! Eu tenho dezoito anos ! Quem diria
Que tanto tempo assim na dor viveria
No cruel pensamento a rir do que é só meu!

Tanta idade tenho, que é toda a vida
Uma lembrança que se esvai e é esquecida
Porque enfim, tudo já partiu, já morreu!

Longe de Ti

Longe de ti o dia que é claro escurece
Longe de ti é poluida a natureza
É longe de ti que tudo é tristeza
E o mundo de sobreviver esquece!

Por longe estares meu ser entrestece
Minha alma em si se aguarda sem beleza
Meu olhar invoca em lágrimas pureza
E a saudade ansiosa desaparece!

É longe de ti que lembro o que vive:
Teus beijos que sobre os meus tive
Tua paixão por corpo e alma sobre a minha!

Sinto-me tão perto e longe de ti, amor...
Tu aí adorada no cêu que vive sem dor
E eu aqui, na terra morta e pobrezinha!

Nada Importa

Arde o vento no mar quando o céu em calor
E a natureza vê-se de passagem
E penso em ti por seres meu unico amor
Minha melodia, minha eterna viagem !

Danças comigo pelos salões do amor
Arrastas beleza na minha imagem
Deixas-me sentir teu corpo sedutor
Abraças-me fortemente em miragem !

E o mar dança no calmo céu que o embala
E o vento corre nas veias da nossa idade
E somos loucos deuses de verdade !

E nada importa se de ti não fala
Nem mesmo o tempo que traz muita sorte
No presente, no futuro ou na morte !

O que fui o outro dia sarou e foi-se embora

O que fui o outro dia sarou e foi-se embora
Saltou sobre mim e desapareceu
Nem eu sei porque se foi o que julguei meu
No momento que fui o que não sou agora!

Conheço meu ser por dentro e por fora:
–Lembraças bravas que no sangue correu
–Pensamentos d' amores que o céu colheu
–Conquistas e derrotas que a dor chora!

Se eu sou num instante o ser que muito fui
É porque por engano e desespero
Fui desertado por ter o que não quero!

E assim sou dentro de mim...morto o outro Rui
Que sarei a mágoa, verdade e inocência
No dia que nasceu falsa Independência!

Noite e Dia

O sol aos poucos na noite anoitece
A cidade é o silencio que planeja
Ouve-se ao longe o que mais se deseja
O claro dia na sombra desfalece!

A gorda Lua aos poucos vai-se despindo
O escuro nas estrelas palidece
E a noite do dia se vai despedindo
E o sono por dormir a vida esquece!

E eu vou aqui pensando na terra e no mar
No olhar da beleza que o mundo embala
Na vida que por razão perde fala!

E penso no céu , no vento e meu pecar,
E entendo que tudo existe e vai embora
Como a noite e o dia que sou a qualquer hora!

Abre Porta Amor

Abre a porta amor, sou eu, volto tão cansado
Dos lugares que estive perdido a vaguear!
Abre a porta amor, estou ansioso para entrar,
Quero ver-te e abraçar-te, e ser teu pecado!

Abre a porta amor, sou eu, teu amor desertado
P'la aventura corisca em choro a soluçar!
Trago o coraçao farto por ti a mendigar
E o tempo enrugado, doente e terminado!

Lembro-me de tudo e todos, minhas dores,
Passaram-se secúlos, anos e amores!...
Mas penso em ti agora e nada mais importa!

Voltei amor. Abre a porta, jamais vou embora
...Atê que enfim abres a porta, já era hora!...
Oh, desculpe senh'ra, enganei-me na porta!

Meus Dias

Meus dias passam lentamente por vales,
Quando atormentados e quando em ouro
Quando mostram solucão nos seus males
E eu sou neles mistério e miradouro!

Meus dias passam por vales da solidão,
Queixam-se do tempo e da dor sem morte
Visitam o passado e perdem perdão
Choram o presente e pedem mais sorte!

Neles o sol se debruça sem braços
E a nova Lua se consume e não tem fim,
E o universo esquece razões e espaços,

E eu farto de mim desejo ser assim:
—Viver loucamente sem meus cansaços
E pertencer a ninguém, nem mesmo a mim!

Tua Sombra

Eu tenho a tua sombra que me aquece
Na força do universo e meu vazio,
Ela é o destino e a ponte sobre o rio
Que acho na razão que permanece!

Trago-a na alegria que me entrestece,
Calor sossegado d' amor macio,
Que encontro só a rir por arder em frio
O que na mente em brasa arrefece!

E vejo a tua sombra dentro de mim
Quando a boa noite ao calmo dia mente
O que é verdade, luz, e eterno fim!

Atê a chuva no mar é consciente
Qu' eu sou apenas semente sem jardim,
Clara sombra ao sol de toda a gente!

Imagem Bruta

Pensares perdem-se no horizonte
E a luz da noite é mais clara e paciente,
O mar alonga-se frágil e doente
E o vento balança no forte monte!

Ouço pensamentos brutos sem ponte,
Que por pecado são de toda a gente
Como a verdade que peca e que mente
Á alma nobre que em sede não tem fonte!

Olho em lágrimas o sol, mar e vento,
E sinto o segredo da nau Lamento
Que naufragou ao bater em Santa Terra!

E penso em pecar por ser o pó que sou:
–Imagem bruta qu' um anjo não pensou
 Quando nela asas põe, tira, e sempre erra!

Sozinho

Horror de ser sozinho por ser mundo
Na mente, nas alegrias e lamentos,
Ser vontade que surgiu dos tormentos
Quando claro é o bem no mal vagabundo!

Tenho em mim o ser que sou mais profundo
Quando só, penso em todos os momentos
Que o tempo levou e trouxe em sofrimentos
No que achei, amei e perdi por ser segundo!

Ando preso no vento sem caminho
Procurando a forte fé que menos sou
Quando cansado, morto e sem carinho!

E sem alma ou por medo, a vida voltou,
Para dizer-me que não sou sozinho
Porque não é sozinho o outro que jamais sou!

Louco

Chamam-me louco por fazer loucura
Nas verdades que a falar alimento
Por sorrir do riso e seu nascimento
Por saber da gargalhada sua Cura!

Chamam-me louco e aceito tal loucura
Porque sei que ainda falta entendimento
Do que soube e perdi por pensamento
O que faz do humor sua formosura!

E quero ser louco maior que outra gente
Andar nu a rir da podre sociedade
Que não sabe sentir o que mais sente!

Quero ser louco por maturidade
Ouvir vozes do nada docemente
E ser da vida o gozo e sua vaidade!

Memória

De tudo fica a memória e sua sorte.
Nada permanece por forma ou mente,
Tudo é um instante vagarosamente
No que se transforma por vida e morte!

Nada importa mais do que o momento
Que vivemos na maior felicidade,
Hoje, ontem, no rir de qualquer idade
Que o tempo trouxe em alto sentimento!

Nada importa mais do que sinto agora
Porque assim sou eu no pensar que mais sou...
Fragil eternidade, opcão da hora!

Sou como o tempo que passa e não passou
Como a viagem de ninguém que vai embora...
Sou a memória que a morte não terminou!

Pensamento

No cansaço que percorre o pensamento
Vejo o que é calmo e vencido p'la ansiedade
Sinto a paz que na guerra é maior tormento
Desejo o que mais procuro em liberdade!

E passo p'lo tempo acordado e dormente
Pergunto ao que penso. –Porque penso assim–?
Porque só no mar e vento sou mais gente?
Será porque penso em tempestade e em fim?

Nao sei. Nada entendo por maior saudade
A nada e a tudo pertenço eternamente
Como a vida e a morte á maturidade!

Porém pergunto a Deus omnisciente
Aonde encontrar na velhice a verdade
Incognita luz, sábia, boa e confidente!

30 de Abril, 2011

Sem Visão

A vida encontra na morte o seu destino
A natureza completa a realidade
O tempo termina o que é belo e fino
Assim tudo se transforma na sua idade!

O vento por mar e terra se procura
O sol no Inverno frio mais arrefece
O universo esconde o que mais segura
Assim tudo se confirma em sua prece!

Em silêncio a dor se farta da emoção
Em pecado perde o pecador sua gloria
E Deus fortifica o pobre seu coracão !

E penso em teimosia esta pobre razão:
Que a mentira na verdade é sabedoria
Para o que passa pela vida sem visão!

A Antero De Quental

Anda no tempo o mar e o vento em tormento
Na mão de Deus treme a cansada evolução
Toma o futuro a magóa sem sentimento
E nada se resolve com ou sem razão!

Regressa o convertido ao entendimento
Orgulha-se o dia escuro da escuridão
Doi a dor que passa e fica por pensamento
E ri-se o mal do bem sem clara conclusão!

Quem na tua alma encontra a paz que duvida,
Une o que a natureza diz a seu engano
E lamenta o que entende em graça e vida!

Ninguem transforma o belo por pouca sorte,
Todos tem decerto em sombra ou dano
Algo que bate a porta e responde: —Morte!–

A Florbela Espanca

Ficam somente magóas, nunca vaidade:
Livros de pêtalas, dores e incertezas,
Orações, lágrimas, versos de verdade
Razões solidas, ilusões sem certezas!

Bravas lembranças de falsa e curta idade
Encontram no teu sentir tantas tristezas,
Libertina Alma em amor e saudade
Agonia do maior siléncio e pobrezas!

E leio o que não sinto mas muito desejo
Sortes tuas , deles, delas, doutras e nossas,
Palavras do sentir que importa e invejo!

Atos que provocam o dizer que choras
Na vida que a morte fez-se doce beijo,
Calvario eterno, bela flor que namoras!

A Fernando Pessoa

" Não sei o que o amanhã trará"

Fernando, Alváro, Antonio, Ricardo!
Eduardo, Frederico , Alberto Caeiro!
Rafael, Claude, Abilio, Carlos, Bernardo!
Navas, Chevalier, Charles, Joao Craveiro!

Anthony, Efbeedee, Gervasio, Vicente!
Nenhum poeta tem tantos heterónimos!
Dr., Jean, Maria, Alexander e outra gente!
Orgulho de Portugal e pseudónimos!

Procuro no oculto diverso pensamento,
Enorme pela verdade e sabedoria,
Sincero, peço a Deus este entendimento:

Saber no fanatismo pouca tirania
Ouvir a gasta ignoráncia no tormento
Andar sempre e amanhã na sua companhia!

A Luis Vaz de Camões

Lutam os Lusíadas terras e tormentos
Únicos versos se buscam em confiança
Inventam Gregos deuses em pensamentos
Soluções para a guerra e paz e abundança!

Vão as vontades mais longe que os sentimentos
Aquém do céu corre o tempo em esperança,
Zen de segredos, dores e entendimentos
De visões, tempestades e liderança!

E o amor no contentamento paralisa
Conquistas, virtudes, dor, vida, clareza,
Alegria, morte, aventura e pesquisa!

Maior é o poeta por visão ou natureza
Onde o mar escorre palavras em brisa
Espreitando nas gentes forte grandeza !

Manuel Du Bocage

Magro e triste por desertada figura
Amas os amores não correspondidos
Negros sentimentos sem luz ou ternura,
Uniteis curiosidades, gestos vencidos!

E o rir pouco lembra o que por ti não cura:
Liberdade em versos, razões de ofendidos;
Doutrinas provocadas em formossura;
Universos sensuais de claros sentidos!

Bem pergunto se todo esse farto engenho
Ouve a falta de pai como entendimento
Como o pensar acode o que é desatino!

Assim sinto na tua sombra, num momento
Gerar em mim piedade como tormento
E verdade como a de Elmano Sadino!

Residuo

Nada existe no mundo eternamente
Além o mar se torna mais salgado
Distante corre o vento em si fechado
A natureza vive no que mais sente!

É no pensamento que todos são gente
Por bem ou mal se mudam no imaginado
Assiste o pobre ao rico consolado
Ri-se o rio da ribeira torta e quente!

Alguém na virtude segura a mudança
Sincera, bonita e capaz na lembraça
Ergue grande vontade á humanidade!

Mas por inveja, incerteza e maldade
Passa tudo no que entendo por verdade
Residuo temporário doutra esperança!

Culpa

A desculpa nâo tem responsibilidade
P'la culpa do culpado e desaparecido
Que culpa tem a pobre sombra da verdade
P'la rica razâo da mentira ter nascido!

E culpamos aqueles que mais merecem
E o outro que pouca ou muita culpa nâo tem.
Mas todos de todas as desculpas padecem
Porque toda a culpa nâo pretence a ninguém!

Culpar a guerra, o soldado e a corrupçâo?
Culpar a politica sem moralidade?
Culpar a natureza, a vida e a religiâo?

Nâo. A culpa permanece na qualidade
Que o Universo permite a cada geraçâo
Em igual desejo e eterna felicidade !

Sete Cidades

As lagoas no azul e verde lagrimosas
Refletem a beleza da natureza
Na magia e encantamento das auroras
Mostram o bem e curam qualquer tristeza!

O vasto céu se prolonga e permanece
O vento balança o milhafre distante
O sol frio nas veias d' agua amadurece
E o segredo do tempo é da vida amante!

Passam seculos, anos, dias e segundos
Gente sem idade na saude envelhece
As surreais vontades descem doutros mundos!

–Nas crateras surgem as Sete Cidades
O fresco ar no tremer da Lava se aquece
E as lendas do pensamento são verdades!

Sorrisos

Em sorrisos, risos...enfim gargalhadas
Falamos d' anjos, demonios e outra gente
Que nas folias, burrices e trapalhadas
Vão na vida saturada, calmamente!

Falamos de cobras, camelos e cabras
Veados, ursos, pulgas e outros parasitas,
Fizemos planos para burros e vacas
E desejamos fazer um filme e fitas!

Ah! Talvez de vampiros, voodoo e bruxaria
O heroi salva a heroina feita de farinha...
E ri-se o pobre do que o rico mais se ria!

Ah ! Nessa conversa nobre e pobrezinha
Quase que esqueço-me de dizer:–Lucia
Põe leite e mel no frasco e limpa a cozinha!

Quem Ama

Quem ama o que por amor percebe
Entende que no amor não existe fim
E que tudo em sede o amor bebe
Porque amor e amar é ser assim:

É ser Camões em maior sentimento
É querer mais no amor por bem querer
É sentir fogo e água e tormento
E sempre em amor amar e pertencer!

É buscar na graça outra lealdade
É sarar a dor e por vontade
Sentir o mundo puro e contente!

Mas o amor nem sempre se entende
No que muda, mostra e muito sente
Na vida , na morte e na verdade!

Rezei a Deus

Rezei a Deus no dia de todos os Santos
Por ser em culpa e falta um pecador,
Confessei verdades, mentiras e cantos
Que no mundo vou encontrando em dor!

Prometi fazer o bem na diferença
Libertar o mundo de toda a maldade,
Erguer meu saber somente em sua crença
E viver na sua compaixâo e vontade!

No final das minhas magóas e tristezas!
Adormeci a sonhar que o mundo era assim:
–Tudo e todos eram de boas naturezas!

–O vento, o mar, o céu e a terra nâo tinham fim!
–Nao existiam pobres, dores ou grandezas
–E eu me achava contente dentro de mim!

Sâo Miguel

Bate forte o mar na rocha salgada
Balança a garça no vento picado
A natureza veste a madrugada...
E o tempo na saudade é amado!

O povo reza generosidade
A bençao de Deus cultiva nas almas
O amor eterno da razâo é verdade...
O medo e dor, tempestades e calmas!

O azul do céu provoca o verde escuro
A chuva cai por bem na humidade
E desejo a querer o que procuro:

Aquilo que aprendi na humildade
Memórias da beleza que seguro
–Açores, Sâo Miguel, eternidade!

Deus

Deus criou na sua imagem a humanidade
Erguendo na sua infinita sabedoria
Universos, conclusões, pura verdade
Segredos, misterios, razões e alegria!

É no Bem de Deus que mora a eternidade
Onipotente virtude sem agonia
Coração espetacular em qualidade
Ascenção d' Alma na eterna moradia!

Momentos da natureza em sentimento
Importam nos sonhos o que é mais forte
Na vontade de Deus e seu entendimento!

Hoje, amanhã e sempre em qualquer sorte
Olhai, vigiai e orai em paz e em tormento
Porque Deus não é visão, mas vida sem morte!

" Olhai, vigiai e orai; porque não sabeis quando
chegará o tempo" –Marcos 13:33

Sua Vontade

E tudo sofre, tudo crê, tudo espera
Santos e ricos, pobres e a natureza
Por amor ou dor, saudade, paz ou guerra
Esperam, sofrem e crêem concerteza!

Ri do amor benigno o mau e invejoso
A esperança na biblia acha perfeição
Na noite sem dia, no mar de céu furioso
Cria o bom Deus por profecia forte clarão!

As aguas inundam templos mais seguros!
Abre-se a terra por sangue e tempestade!
Meditam na fé Cristões, gentes e Mouros!

Ouve-se o fim das almas sem caridade!
Revoltam-se os filhos contra os pais e outros!
E o mundo liberta Deus na sua vontade!

'tudo sofre, tudo crê, tudo espera, tudo suporta"
Corintios13:07

Saber

Erguo no céu maior entendimento
Levo na razão bruta nostalgia
Vejo no amor falso sentimento
Invejo no sentir o que sentia!

Rio do que faço por pensamento
Aguardo na verdade o que queria
Dormo no silencio sem tormento
Orgulho da morte onde pertencia!

Sincero em escuras aberrações
Acho sujo o tempo estragado...
Na vida... na saudade e conclusões!

Julgo assim, neste palído estado
Onde pobres certezas são visões...
Saber sem mãe... mendigo cansado!

Imagem Frágil

Por doença a vida procura na morte
Algum descanso para todo o seu mal
Treme a soluçar em graça e sem sorte
Razões do futuro no presente ideal!

Iguaís em dor são a cor dos pensamentos
Curtos e longos e desesperados
Invadem todos os entendimentos
Adormecidos e em vão sepultados!

Onde existe na vida eternidade?
Como pode a doença ter esperança?
Termina a vida na morte sua idade?

Ah! Nao sei. Sei que doença é desgraça!
Vontade de toda a mortalidade
Imagem frágil, nossa cruz sem graça!

Inverno

O Inverno no frio traz o forte vento
A neve nas montanhas desfalece
A chuva lava na terra seu intento
E o mar bravo nas ondas permanece!

O céu do sol se esconde no escuro
As árvores dançam de braços despidos
Os pássaros são na alma o que procuro
-- *Primavera*- *pensamentos perdidos!*

A hora na melancolía é paciente
No que sinto por refugio e saudade!
Limites da natureza consciente!

Imenso é o tempo que a tristeza invade
Momento celestial que acalma a mente!
Abismo, morte, virtude e verdade!

Morte

Que iremos pensar quando perto da morte?
Quando o tempo esgotar na mortalidade!
Quando tudo que era não fica por sorte
E nosso nome é chamado de verdade!

Que iremos sentir no mais puro momento?
Quando no folego perdemos idade!
Quando aprendemos na dor e pensamento
O que lembramos a esquecer por saudade!

Sem pertencer no que penso por destino
Olho o mundo em pecado no céu cansado
Uno a loucura á vida por desatino!

Resido nesta viagem esperançado
Universo sem fronteiras e sem hino
Imperio eterno de Deus onde sou amado!

Nascimento

Na data de nascimento
Vida nasce e permanece
E em forma de sentimento
Na alta idade desfalece!

Pergunto p'la minha vida
No passado ou futuro
E diz a vida perdida
A encontrar o que procuro:

–Alèm existe a verdade
Mudando o tempo e lembrança
Onde o mar è por saudade

Razão eterna e confiança...
Terra de Deus sem vaidade...
Espelho, Cèu e Esperança !

O Ano Passa

O Ano passa cansado, triste e descontente
Acha no minuto , na hora, no momento
Palavras sem gestos e bondade sem gente!
Guerras sem Gloria e desgraça por sentimento!

Em luto e brilho provoca no que mais mente:
--O sangue que volta apenas pelo tormento!
--A memória da dor mais longa e penitente!
--A saudade de ser pouco no pensamento!

Em estado moribundo e desprezado
O Ano deseja para o Ano recomendado
Elementos sem choro, verdade contente:

--Que a Natureza seja em poder calculado.
--A Paz por conquista tenha eterno mandato.
--E a Humanidade sinta mais Mortalmente!

Percebo

Na vida procuro entendimento
Aonde a força da razão é verdade
Destino, justiça e sentimento
Além da morte e imortalidade!

Importo no saber filosofia
Medito na morte eternidade
Perco no tempo gasto o que sabia
Orgulho, motivação e vaidade!

Rezo na vertente da esperança...
Tenho na certeza o que padece
Acho o que não sei no que entrestece!

....

Nada importa! Nao.Tudo é lembrança...
Agora percebo calmamente
Onde tudo parte e tudo mente!

Oculto

Onde era permanente e clara a mocidade
E tudo era mais puro e menos ofendido
E o amor em dor era de maior qualidade
E o querer da vontade era correspondido!

Neste estado longe e perto do pensamento
Quero pertencer e p'ra sempre pertencendo
Quero sentir a Alma na vida e sentimento
E quero esquecer a realidade entendendo !

Somente existir no universo transportado
Pertencer na serena dimensão d'outrora
E ser eternamente e sempre transformado!

Levar em qualquer tempo o passado sem hora
Hoje nascer no espelho sem estar cansado
Oculto de ser amanhã e ontem ser agora!

Claros Pensamentos

Recordo nos Claros Pensamentos
Universos da minha Saudade
Intentos, planos e sentimentos
A procurar vida noutra idade!

Levam n'alma e coração tormentos
Magóas, amores e vaidade
E a rir choram palídos momentos
Invejando do tempo eternidade!

Dançam nas memorias a verdade
Aguardam no bem imaginação
Levam cansada a sinceridade

Impóem na melancólia seu perdão.
Morre no pensar a qualidade
Acho Saudade em qualquer ocasião!

Vida

No Universo nascemos na ansiedade
De existir sempre temporáriamente
Procurando grande humanidade
Que nos faça humanos por gente!

E procuramos a razão na idade
E no amor e dor o que mais se sente
Nas certezas achamos a verdade
Temporária, fraca, cruel e impaciente!

A vida incerta, frágil, bruta e mortal
Passa em sorte, sem sorte e em coragem
Traz-nos o milagre de Deus e Seu Ideal!

E assim nesta sombra e inconstante viagem
Perguntamos se a vida e a morte é surreal
Ou apenas Deus em humor e Mensagem!

FlorBela

Flor Bela de todas as Primaveras
Luz poetica que alegra e entrestece
Orgulho romantico das quimeras
Razão leal e incógnita que padece...

Brilhas dor, desejos e sofrimento
Ergues em verso virtude e nostalgia
Levas na mente nosso pensamento
Agora e sempre minha filosofia!...

Ês o aroma suave da natureza
Semente de palavras e verdade
Principio, fim, mágoa e tristeza...

Assim p'lo mundo passas sem vaidade
No amor insatisfeita por beleza
Caminhas no pensar da eternidade!

Verdade

Procuramos o que somos na verdade
E na verdade somos o que não achamos
Porque em verdade somos totalidade
Da maior verdade que mais transformamos...

Procuramos a verdade na nostalgia...
Procuramos a verdade no coração...
Procuramos verdade na sabedoria...
E procuramos a verdade na opinião...

Vejo mentira na verdade que mente
Ao encontrar incerteza no pensamento
Sem compaixão, paz ou Deus onipotente!...

Nada sei da verdade pois nada entendo
No mundo acho a verdade agora e somente
No que a duvidar acredito não vendo !...

Amor Jurado

Tudo passa, tudo se transforma
A vida e a morte por natureza
O que foi nunca é na mesma forma
No que existe com ou sem beleza!

Todos os belos momentos morrem
A bruta tempestade se acalma
Outrora amores em dores sofrem
E tudo permanece pouco em Alma!

Que importancia tem o que é agora?
Nada importa. Nao.Tudo é passagem
Sim. Tudo se perde a qualquer hora!

Atê o amor jurado em Deus e seu bem
Perde-se na esperança que chora
Por saber o porque de sua viagem!

A Mentira

A mentira tem como inimigo a verdade
E na verdade a mentira por querer mente
O que pensa, esconde e segura em vaidade
O que procura, mata e sofre falsamente!

A mentira tem razões curtas sem idade
Promete a lua, a sombra e a luz eternamente
Ri do pobre e do rico, na sua maldade
Conquista e descobre o inferno a muita gente!

A mentira tem língua e cauda de serpente
Veste-se sem vergonha d'alta qualidade
E corre o mundo em segundos no que sente!

E assim a mentira mente por humanidade
E mente na escuridão certa do que mente
Porque sabe que sem ser mentira é verdade!

Mortalidade

A frágil vida, a mortalidade
Que passa subita ou vagamente
No corpo, na alma, na vão vaidade
Aguarda no tempo toda a gente!

E passa sobria, gasta e pungente
Na curta esperança da saudade
É da humanidade semente
E por morte destino e verdade!

Tantas vezes é o maior sentimento
Tudo que creio a mortalidade ter:
--Engano no amor e no tormento

Sorte bruta sem contentamento
Razão bastarda do meu padecer
E vida morta no pensamento!

A Morte

A morte existe em todo o momento
Na guerra, paz e a qualquer instante
É simplemente ultimo tormento
Razão universal perto ou distante!

A morte sente envelhecimento
Doença, trauma, da vida amante
Acha em consciencia falecimento
Eternidade sábia e elegante!

A morte que seja a ressureição
Que volte por bem na reencarnação
E traga em virtude sua verdade!

A morte na sua imobilidade
Talvez seja apenas liberdade
Da vida corporal em conclusão!

Viver em Liberdade, Livremente

Viver em liberdade, livremente
Refletir sempre na totalidade
Ser espontâneo sem ser contigente
E agir absoluto em qualquer vontade!

Viver saudavel no corpo e na mente
Nunca encontrar qualquer necessidade
Sentir a alma na vida eternamente
E na bruta razão ser realidade!

Desejo como entendo liberdade
Formidavel, contraria filosofia
Que em consciencia promote qualidade

Independencia, saber e ideologia
Na democracia sem desigualdade
Sem ilusões, sem morte ou psicologia!

Ninguêm Sabe

Ninguêm sabe sentir como tu sentes
O amor , o mar , o sol, as madrugadas
As noites crueis de lágrimas pacientes
E as longas tardes sombrias e acabadas

Ninguêm sabe o que pensas dos tormentos
Que em verso adoras, odeias e maltratas
Que contentas nos descontentamentos
E provocas, sonhas, beijas e matas

Ninguêm sabe como sabes saudade
E ninguêm sabe como sabes da dor
Sureal, sensivel, frágil e cobarde!

Sei que ninguém sabe o que sentes meu amor
Porque quando pensam saber de verdade
É inverno e tu jamais ês a mesma Flor!

Luz da Eternidade

Digo a Deus o que passa por minha Alma
Em amor, angústia, dor e ansiedade
Universos perdidos, paz sem calma
Sombriam todo meu querer e vontade

Digo a Deus meus erros e entendimento
E ambições brutas, surdas e ofendidas
Tormentos e razões do pensamento
Uniões falsas e soluções perdidas

Digo a Deus meus pecados... peço perdão...
Olho o céu, a terra, o mar, a natureza
Sinto cansado a caminhar na sua mão

A alta luz da eternidade e beleza...
Boa, soberana de qualquer ocasião
Em Deus e por Deus e nunca em tristeza

...

Nestes lugares que penso existir tudo
Nada encontro que satisfaça a verdade
Da monotonia da hora e do segundo
Que prolonga o tempo na bruta ansiedade!...

A distancia permite ser perto o mundo
Na longitude que sinto por saudade
Pretenço cansado, sincero e profundo
Esperando a morte e outra maturidade!...

Resido na memoria que lembro e partiu...
Unidos os nossos labios doutra idade
Ignorando triste pensamento que fugiu...

Brava dor... prazer... sorriso sem lealdade...
Incerto o primeiro amor onde existiu
Alegria, Tristeza, Nada...Eternidade!...

Esperança

Pertencer ao Universo em pensamento
Amar a razão de ser natureza
Ter em tudo sincero entendimento
Ominisciente e genuino por beleza

Conquistar na sabedoria o tormento
Tecer a imaginacão sem tristeza
Amar a dor em nobre sentimento
Viver certo em compaixão sem pobreza

Imaginar desejo na verdade
Ouvir seguro esta grande confiança
Rir sem memoria desta insanidade!

Ultrapassar o tempo sem lembrança
Invejar a calma hora sem saudade
Da Morte que procura esta Esperança!

Que Importa

Que importa o mundo se a alegria se esgotou
E o pensamento aborrece a esperança
A hora passa no tempo que acabou
E tudo mente á insegura lembrança!

Que importa a eternidade que não passou
Da promessa que faz e não se alcança
Que importa o mistério que terminou
A saudade, o amor, a dor e a doença!

Que importa as palavras sem sentimento?
Que importa o maior bem se tem maldade?
Que importa navegar no mar sem vento?

Que importa a vida se em verdade
Tudo que entendo promove o tormento
A Tristeza e a falsa Imortalidade !

Minha Eternidade

Na clara e nobre funçao de permanecer
No verdadeiro e humano pensamento
Procuro no sentido forte de entender
O erro na virtude e a dor no lamento

Procuro na paz segura e eterna o Alto Ser
E na compaixão sincera acho o momento
Omnipotente e Universal a pertencer
Á enorme razão da gloria e sentimento

Encontro em estado leal e moribundo
Outro paraiso de Deus em Sua Vontade
Celestial e imenso deste e doutro mundo

E digo quase em espirito e em verdade:
--Meu Deus onde mora todo o bem sem fundo?
--Meu Deus onde mora a minha Eternidade?

Os Anos Passam

Os anos passam no vento sem morada
Desconheço o que transforma e envelhece
O pensamento na memória entrestece
E existo no que passa por tudo e nada!

Corre este estado frágil e moribundo
No seio da ironia temporia e no tormento
Ao pálido momento que o tempo vence
A atencão d' alma humana neste mundo!

Eu sei que tudo que acho, sinto e decido
É igual determinado e correspondido
Ao destino que sou por azar ou sorte!

A vida passa por mim como outra mente
Como luz saudosa fraca e permanente
A renascer no que nasce por ser morte!

Que Importa?

Que importa o alto momento sem vida?
Que importa a hora que passa em desgraça?
Que importa o desejo na dor sentida?
E o mistério da morte na maior graça!

Que importa saber sem ter aventura?
Querer todo o pensamento em saudade
Nao querer qualquer eterna ternura
Ou possuir na alma grande qualidade!

Querer e não querer sem nobre razão
Pertencer e não pertencer por questão
Procuro no meu destino a verdade:

-Gente arrogante, imbecil vaidade
Miséria, mentiras e falsidade
Que maltrata e arrefece o coracão!

Vontade De Deus

Quando perto do fim e não longe da morte
Pensarei no todo e tudo que pouco esqueço
Na criteria dos principios da minha sorte
E das razões de pertencer onde pertenço!

Quando a vontade de Deus chamar meu coração
Lembrarei orgulhoso o bem no pensamento
Rezarei sem medo o pai e a mãe na minha oração
E em fé demonstrarei meu ideal ensinamento!

Peço a Deus perdão p'los meus desentendimentos
Peço perdão p'la vontade da dor, amor e tormentos
Que causei quando forte , fraco, certo e incerto!

Peço a Deus maior paz no mundo e paz na minha Alma
Peço a Deus que proteja o que amo e que em sua Calma
Perdoe meus pecados no corpo que liberto!

Eis

Eis ela, a linda terra onde nasci
Eis os caminhos que Semeei tristezas
Eis os lugares que ao passear cresci
Eis templos e grandes naturezas!...

Eis as carícias qu'em lábios prendi
Eis os vãos gemidos de minhas proezas
Eis os egoístas com quem me debati
Eis túmulos, estátuas e grandezas!...

Eis os anos, as vidas a passarem...
É mesmo aqui qu'as saudades desfalecem...
Foi por esse mar que me senti nada!

Foi ali que olhei em versos a cidade
Foi além que ganhei essa pura idade
Eis ali minha campa abandonada!...

Made in the USA
Middletown, DE
12 May 2023